BEI GRIN MACHT SICH IHR WISSEN BEZAHLT

- Wir veröffentlichen Ihre Hausarbeit, Bachelor- und Masterarbeit

- Ihr eigenes eBook und Buch - weltweit in allen wichtigen Shops

- Verdienen Sie an jedem Verkauf

Jetzt bei www.GRIN.com hochladen und kostenlos publizieren

GRIN

Christopher Krause, A.-L. Brockhusen, J. Reiter, T. Lierzer

Projektmanagement in Innovationsvorhaben

Unternehmerische Chancen und Herausforderungen

GRIN Verlag

Bibliografische Information der Deutschen Nationalbibliothek:

Die Deutsche Bibliothek verzeichnet diese Publikation in der Deutschen National-
bibliografie; detaillierte bibliografische Daten sind im Internet über http://dnb.d-
nb.de/ abrufbar.

Impressum:

Copyright © 2010 GRIN Verlag GmbH
Druck und Bindung: Books on Demand GmbH, Norderstedt Germany
ISBN: 978-3-656-04430-7

Dieses Buch bei GRIN:

http://www.grin.com/de/e-book/181494/projektmanagement-in-innovationsvorhaben

GRIN - Your knowledge has value

Der GRIN Verlag publiziert seit 1998 wissenschaftliche Arbeiten von Studenten, Hochschullehrern und anderen Akademikern als eBook und gedrucktes Buch. Die Verlagswebsite www.grin.com ist die ideale Plattform zur Veröffentlichung von Hausarbeiten, Abschlussarbeiten, wissenschaftlichen Aufsätzen, Dissertationen und Fachbüchern.

Besuchen Sie uns im Internet:

http://www.grin.com/

http://www.facebook.com/grincom

http://www.twitter.com/grin_com

Fachhochschule der Wirtschaft

- FHDW -

Bergisch Gladbach

Referat

Thema:

Projektmanagement in Innovationsvorhaben

Prüfer:

Falk Graser

Verfasser:

Christopher Krause

Anna-Lena Brockhusen

Jan Reiter

Tobias Lierzer

3. Studientrimester

Studiengang: Wirtschaftsinformatik

Studiengruppe: BFW4B8

Studienfach: Projektmanagement II

Abgabetermin:

17.05.2010

Inhaltsverzeichnis

1. Einleitung (Krause)

Meistens fehlen einem Unternehmen nicht neue, wertschöpfende Visionen, Strategien oder Ideen, sondern es scheitert eher an der fehlenden Managementkompetenz zur Umsetzung der selbigen! An diesem Punkt setzt diese Ausarbeitung an. Sie befasst sich nämlich mit dem immer bedeutsameren Thema des erfolgreichen Einsatzes von „Projektmanagement in Innovationsvorhaben".

Die genaue Zielsetzung der Autoren besteht deshalb in der Frage, wie ein Innovationsvorhaben effektiv und möglichst effizient durch Projektmanagement in einem Unternehmen durchgeführt werden kann.

Hierzu werden im ersten Teil die Grundlagen über Innovationen, insbesondere eine Definitionsfindung, und die Bedeutung von Innovationsprojekten für ein Unternehmen erläutert, da aufgrund der breitgefächerten Thematik eine umfassende Erklärung zum Verständnis nötig ist.

Das zu vermittelnde Wissen des nächsten Teils richtet sich größtenteils an die dabei entstehenden Herausforderungen durch Innovationshemmnisse und daraus folgend die Gründe für das Einsetzen des Projektmanagements.

Anschließend liegt das Hauptaugenmerk auf der Berücksichtigung von Vorüberlegungen eines Innovationsprojekts und der danach startenden Projektplanung.

Der Endteil der Ausarbeitung schildert die verschiedenen Maßnahmen und möglichen Konzepte bei der Projektdurchführung eines Innovationsvorhabens und schließt mit einem reflektierenden Fazit ab.

Ausgangspunkt all dieser Aspekte ist eine Innovation, doch was wird eigentlich darunter genau verstanden?

2. Grundlagen (Krause)

2.1. Was ist Innovation?

Der populäre Begriff „Innovation" wird in vielen verschiedenen Kontexten des Berufs- und Alltagslebens verwendet, jedoch existieren oft Missverständnisse über die exakte Bedeutung. Meistens werden „Idee", „Invention" und „Kreation" allesamt mit Innovation gleichgesetzt, obwohl essentielle Unterschiede bestehen, sodass korrekterweise die Definition einer Innovation generell aus genau diesen drei Elementen besteht. Die Idee entsteht laut Immanuel Kant in der Vernunft und bezeichnet somit eine subjektive neue Erkenntnis eines Menschen.[1] Die Idee stellt in der Regel die Basis für eine Invention, einer technischen Neuerung, dar, die die Grenzen menschlichen Wissens erweitert. Sie wird jedoch erst zum Teil einer Innovation, wenn sie wirklich realisiert wird. Die Kreation beschreibt in diesem Zusammenhang den gesamten Prozess der Ideenfindung und -entwicklung.

„Ursprünglich stammt der Begriff „Innovation" aus dem lateinischen Wort „innovatio", [das] Erneuerung, aber auch sich Neuem hingeben bedeutet."[2] So muss eine Innovation nicht unbedingt immer etwas vollkommen Neues darstellen, sondern kann auch eine Neugestaltung bestehender Produkte, Prozesse oder Systeme sein. Letzteres bildet die Mehrheit der Innovationen der meisten Unternehmen, da hier das Risiko und die Kosten einer erfolglosen Innovationsumsetzung nicht so hoch ausfallen. In jedem Fall muss eine Innovation tatsächliche (erkenn- und messbare) Vorteile für das betroffene Unternehmen bzw. dessen Kunden (meistens Produkt-/Leistungsempfänger) bieten.

Dies zeigt, dass ständige Innovationen für die nachhaltige Erfolgssicherung eines Unternehmens heutzutage essentiell wurden. Somit ist es nicht verwunderlich, dass (fast) alle Unternehmen eigene Forschungs- und Entwicklungsabteilungen besitzen, die sich nur mit dem systematischen Innovationsmanagement[3] beschäftigen, also der ununterbrochenen Suche nach unternehmenseigenen (Er-)Neuerungen, die bestmöglich die Unternehmensstrategie unterstützen.

2.2. Welchen Zweck besitzen Innovationsprojekte für ein Unternehmen?

Die Gründe/Auslöser für Innovationen in einem Unternehmen sind vielfältig und können äquivalent mit den dahinterstehenden Unternehmenszielen erklärt werden. Sie lassen sich insgesamt in vier Kategorien einteilen.

Die erste Kategorie beinhaltet die allgemeinen unternehmerischen Ziele, wo an allererster Stelle die wirtschaftliche Verwertung einer Innovation, also die Gewinnerzielung, steht. Jedoch erfährt ein Unternehmen meist keinen sofortigen Erfolg mit einer Innovation, da das Innovationsmanagement Aufgabenteil der unternehmerischen Strategieplanung und deshalb auf Langfristigkeit ausgelegt ist. Dies unterstützt das zweite Ziel, nämlich das langfristige Halten sowie die Verbesserung der

---

[1] Vgl. Bergman, Gustav & Daub, Jürgen (2006): Systemisches Innovations- und Kompetenzmanagement, 1. Auflage. GWV Fachverlage, Wiesbaden. S. 56
[2] Disselkamp, Marcus (2005): Innovationsmanagement – Instrumente und Methoden zur Umsetzung in Unternehmen, 1. Auflage. GWV Fachverlage, Wiesbaden. S. 16
[3] Management von Planung, Durchführung und Kontrolle aller Aktivitäten im Rahmen von Innovationen

eigenen Marktpositionierung gegenüber Marktbegleitern. Um jedoch am Markt zu bestehen, werden nachhaltige Wettbewerbsvorteile benötigt. Das bedeutet, da sich fast alle Märkte dynamisch verhalten, dass eine dauerhafte Fortentwicklung von Nöten ist. Treibende Kräfte hierbei sind hauptsächlich die Kunden (z.b. Zufriedenheitsumfragen, Crowdsourcing), Marktbegleiter und die Optimierung mithilfe der eigenen Lieferanten. Ein weiterer Aspekt in diesem Zusammenhang ist das angemessene Mithalten an technologischen Neuerungen, um „den Anschluss" an den Wettbewerb nicht zu verlieren. So benötigen Unternehmen unbedingt eine nachhaltige Innovationsstrategie, um ihre Kernkompetenzen kontinuierlich ausbauen zu können.

Die nächste Kategorie wird von den Marktzielen abgedeckt. Hier muss sich das Unternehmen besonders flexibel präsentieren, da es einerseits auf Nachfrageänderungen seitens des Marktes reagieren sollte, um den neuen Bedarf schnellstmöglich decken zu können und andererseits selbst Nachfragepotential durch eigene Innovationen im Markt wecken/ausschöpfen muss, um neue Kunden zu gewinnen und somit einen Marktvorsprung zu erreichen. Je früher das gelingt, desto größer ist die Ausschöpfung der vorhandenen Wettbewerbsvorteile.

Die dritte Kategorie beschäftigt sich mit den kundenorientierten Zielen durch eine ständige Qualitätsverbesserung. Hier helfen Innovationen, hauptsächlich im Sinne von „Erneuerungen", den vorhandenen Kundennutzen im Unternehmen zu erhöhen und die Produktqualität zu verbessern, um auf dem Markt hervorzustechen und neue Kundenaufmerksamkeit zu erlangen. Besonders wichtige Informationsquellen sind dabei die Schnittstellen zwischen Unternehmen und Markt/Kunden, wie z.B. Support, Verkauf/Beratung und Reklamation. So verschafft sich das Unternehmen wieder einen meist kurzzeitigen Wettbewerbsvorteil und kann im optimalen Fall von einem besseren Image und einer besseren Marktpositionierung profitieren.

Die letzte Kategorie handelt von den unternehmensinternen, sozialen Zielen. Wenn die vorhandenen Mitarbeiter aktiv an Innovationen im Unternehmen teilnehmen dürfen/können, erhöht sich oft die Arbeitsmotivation und die Zufriedenheit derselbigen, sodass das gesamte Unternehmen eine Humanisierung erfährt. Zudem sorgt ein ausgeprägtes, erfolgreiches Innovationsmanagement eines Unternehmens für die Sicherung der vorhandenen und Schaffung von neuen Arbeitsplätzen, da das Unternehmen aufgrund des Erfolgs meist seine Ressourcen erweitern muss, um weiter expandieren zu können.

2.3. Die fünf Innovationsarten

Die verschiedenen Zielarten lassen richtigerweise vermuten, dass sich jede Innovation zu einem entsprechenden Innovationstypen zuordnen lässt. Hier existieren fünf Kategorien, die im Folgenden näher erläutert werden:

Die erste Gruppe besteht aus den Produktinnovationen. Darunter werden generell alle Neueinführungen von Waren oder Dienstleistungen eines Unternehmens verstanden, die vollkommen neu für das Unternehmen und/oder für den Markt sind, sodass neue Märkte und zusätzliches Marktwachstum erschlossen werden können. Die Produktinnovation muss dabei eine wahrnehmbare Neuerung am Produkt für den Kunden darstellen, z.B. Mehrwertdienstleistungen.

Eng verknüpft mit dem Thema sind die wichtigen Prozessinnovationen für ein Unternehmen, da sie die unternehmensnotwendigen Prozesse reformieren. Ihre Ergebnisse sind meist effizientere Herstellungsprozesse (Qualitäts- und Produktivitätssteigerung und/oder Kostenminimierung) sowie Entwicklungen von neuartigen Technologien.

Die nächste Kategorie sind die strukturellen Innovationen, also die (Er-)Neuerungen der unternehmensinternen Beschäftigungsstrukturen. Ein Unternehmen gestaltet bei einer strukturellen Innovation seine Wertschöpfungsstruktur aufgrund marktpolitischer Gründe neu, z.B. von einer Aufbauorganisation zu einer Ablauforganisation, um weiterhin erfolgreich im Markt bestehen zu können.

Einen weiteren, weiten Bereich bilden die kulturellen bzw. sozialen Innovationen in einem Unternehmen. Hierbei liegt der Fokus auf der Ausgestaltung der Unternehmensphilosophie und -kultur, um eine angemessene Atmosphäre für weitere Innovationen zu schaffen. Besonders im Vordergrund stehen hierbei die sozialen Beziehungen und die Kommunikation zwischen den Unternehmensmitarbeitern, die maßgeblich durch die vorhandene Unternehmensethik beeinflusst werden.

Der letzte Innovationstyp bezeichnet die marktmäßigen Innovationen, die in zwei Untergruppen eingeteilt werden. Die angebotsinduzierten Innovationen sind vom Unternehmen eigens initiierte Innovationen, um sich einen Wettbewerbsvorteil zu verschaffen. Demgegenüber stehen die bedarfsinduzierten Innovationen, also die Nachfrage des Marktes nach einem neuen Bedarf, der schnellstmöglich vom Unternehmen befriedigt werden sollte, um möglichst großen wirtschaftlichen Nutzen aus dieser Situation ziehen zu können.

2.4. Die fünf Innovationsgrade

Da nicht jede „Innovation", die als solche bezeichnet wird, in Wirklichkeit die Kriterien einer Innovation erfüllt und um jede Innovation hinsichtlich ihrer Intensität für das Unternehmen zu klassifizieren, haben sich in der Wissenschaft fünf, typenunabhängige Innovationsgrade herausgebildet, die sich genau dieser Problematik annehmen.

Mit ihrer Hilfe werden Innovationen nach ihren Graden der „Neuheit" differenziert, die von der radikalen Innovation bis zur Scheininnovation reichen (siehe Abbildung 1).

Die radikale Innovation bzw. Basisinnovation bildet die höchste Stufe einer Innovation. Sie ist das Ergebnis einer vollkommen neuen Idee, die zu neuen Produkten, Verfahren oder Technologien führt, wie z.B. Personal Computer. Eine Stufe unter den Basisinnovationen sind die Verbesserungsinnovationen zu finden. Sie verändern nicht den

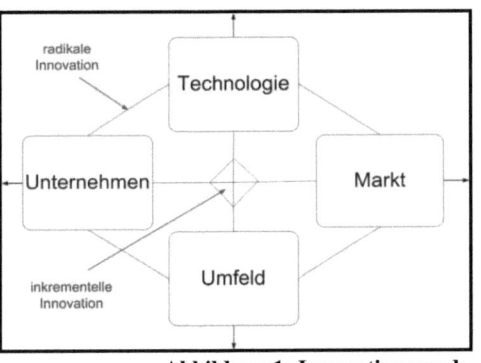

Abbildung 1: Innovationsgrade
(Quelle: eigene Zeichnung, Anlehnung an Gaubinger, S. 7)

schon vorhandenen Grundnutzen eines Objekts, sondern erweitern lediglich seine Funktionen, wie z.B. Gasantrieb des Autos. Der dritte Innovationsgrad bezeichnet die letzte Form einer „echten" Innovation, nämlich die Anpassungsinnovation. Sie wird auch als inkrementelle Innovation bezeichnet, da sie nur eine schwache Erneuerung prägt, wie z.B. ein kundenspezifisches Produkt.

Die übrigen zwei Innovationsgrade, Imitation und Scheininnovation, werden in der Wirtschaft nicht gerne gesehen. Weder die Imitation, also die Nachahmung eines Fremdprodukts, noch die „scheinbare Neuerung" an einem Produkt/Prozess bringen nämlich einen erkenn- und messbaren Unternehmens-/Kundenvorteil, sodass dieses essentielle Kriterium einer Innovation laut der Definition nicht ausreichend erfüllt ist.

Wie in der Abbildung 1 ersichtlich wird eine Innovation in die in einem anderen Kontext zuvor erläuterten Dimensionen Technologie, Unternehmen, Markt und Umfeld bezüglich ihres Neuheitsgrades einzeln gewichtet und schließlich aggregiert. So kann ein Unternehmen die Wichtigkeit einzelner Innovationen für die vier Bereiche einschätzen und erhält dadurch ein effizientes, durchdachtes Innovationsmanagement.

3. Innovationshemmnisse (Brockhusen)

Soll in einem Unternehmen ein Innovationsprojekt durchgeführt werden, stehen dieser zunächst einmal viele Faktoren, die den Innovationsprozess behindern, entgegen. Sie werden als „Innovationshemmnisse" oder „Innovationswiderstände" bezeichnet und treten in verschiedenen Formen auf. Damit ein Innovationsprojekt effektiv durchgeführt werden kann, müssen die Faktoren, soweit möglich, eliminiert werden. Hierfür wird zunächst analysiert, welche Innovationshemmnisse vorhanden sind.

3.1. Der Faktor „Mitarbeiter"

Eines der Innovationshemmnisse sind die Mitarbeiter des Unternehmens. Ohne Innovationsbereitschaft der Mitarbeiter ist es kaum möglich eine Innovation erfolgreich in einem Unternehmen durchzuführen. Deswegen sind die Mitarbeiter häufig eines der größten Innovationshemmnisse.[4] Stern beschreibt, dass die Menschen häufig aus Angst eine negative Haltung gegenüber Neuerungen im Unternehmen einnehmen. Sie begründet sich in der Unsicherheit, die eine Innovation mit sich bringt. Das Ausmaß der Auswirkungen für die Zukunft ist für sie schwer abschätzbar. Aufgrund dessen haben die Menschen Angst ihren Arbeitsplatz zu verlieren.[5]

Frey ergänzt an dieser Stelle, dass häufig die Bequemlichkeit der Menschen ein großes Problem ist. Sie haben Angst vor einem erhöhten Aufwand während oder auch nach dem Veränderungsprozess. Gerade bei Innovationsprojekten kommen häufig völlig neue Aufgaben auf die Mitarbeiter zu, denen sie sich nicht gewachsen fühlen.[6]

Jedoch ist nicht nur die Einstellung der Menschen, sondern auch ihre Qualifizierung ein Innovationshemmnis. Die RIS-Befragung von 2006 aus Hamburg identifizierte dies als eines der größten Innovationshemmnisse im KMU-Bereich.[7] Je nach Art der Innovation benötigen die Mitarbeiter ein hohes Maß an technischem oder kaufmännischem Know-how.[8] Das ist bei Innovationsprojekten jedoch nicht entscheidend. Vor allem wird

---

[4] Vgl. Stern, Thomas; Jaberg, Helmut (2005): Erfolgreiches Innovationsmanagement – Erfolgsfaktoren – Grundmuster – Fallbeispiele; Wiesbaden: Gabler Verlag, S.21ff
[5] Vgl Stern, Thomas; Jaberg, Helmut (2005), S.21ff
[6] Vgl. Frey, Dieter; Gerkhardt, Marit; Fischer, Peter (2003): Erfolgsfaktoren und Stolpersteine bei Veränderungsprozessen, S.1ff
[7] Vgl. Herstatt, Cornelius, Prof. Dr.; Buse, Stephan, Dr.; Tiwari, Rajnish; Umland, Martin (2007):Innovationshemmnisse in kleinen und mittelgroßen Unternehmmen – Konzeption der empirischen Untersuchung, Hamburg-Harburg: Technische Universität, S.1
[8] Vgl. Herstatt, Cornelius, Prof. Dr.; Buse, Stephan, Dr.; Tiwari, Rajnish; Umland, Martin (2007), S.13

Kreativität von den Mitarbeitern benötigt. Innovative Denkweisen und Ideen treiben ein Innovationsprojekt.[9]

Des Weiteren ist Marktkenntnis ein wichtiges Know-how. Bei Produktinnovationen muss geprüft werden, ob das neue Produkt auf dem Markt gewünscht ist, bei technischen Innovationen muss der Markt auf die verschiedenen Möglichkeiten untersucht werden. Marktkenntnis ist eine Kompetenz, die häufig durch den Einsatz externer Mitarbeiter abgedeckt werden kann und damit ein leicht lösbares Innovationshemmnis darstellen.[10]

3.2. Der Faktor „Unternehmen"

Das Management eines Unternehmens ist der Ausgangspunkt für ein Innovationsprojekt. Folglich muss zunächst an der Stelle eine Innovationsbereitschaft geweckt werden.

Auch im Management eines Unternehmens sind die oben genannten Faktoren oft zu erkennen.

Außerdem fehlt an dieser Stelle häufig eine Innovationsstrategie, das Verständnis der Wichtigkeit von Innovationen oder aber die mangelnde Bereitschaft eine derartig hohe Verantwortung zu übernehmen.[11] Eine Innovation bringt ein hohes Risiko mit sich. Die Auswirkungen einer Innovation sind im Vorhinein schwer abschätzbar. Das Fehlschlagen einer Innovation muss stets einkalkuliert werden. Zudem ist es schwierig konkrete Abschätzungen über Zeit und Kosten einer Innovation zu machen.[12] Schreiner beschreibt den Innovationsprozess als langwierigen Prozess, dessen „Erfolg [...] nur schwer abschätzbar"[13] ist. Daraus schlussfolgert er, dass ein am kurzfristigen Gewinn orientiertes Management einen Innovationsprozess einschränkt. Durch die Unsicherheit und Langfristigkeit wird auch die Finanzplanung des Projektes schwierig. Es ist kaum abschätzbar wie hoch die Kosten für das Projekt sein werden. Für ein Unternehmen mit mangelndem Kapital und mangelnden Ressourcen existiert folglich ein sehr hohes Innovationshemmnis.

---

[9] Vgl. Stern, Thomas; Jaberg, Helmut (2005), S.199ff
[10] Vgl. Schreiner, Otmar, M., E. (2006): Aufbau und Management von Innovationskompetenz bei radikalen Innovationsprojekten, Dissertation, S.55ff
[11] Vgl. Stern, Thomas; Jaberg, Helmut (2005), S.21ff
[12] Vgl. Schreiner, Otmar, M., E. (2006), S.55ff
[13] Schreiner, Otmar, M., E. (2006), S.55

Projektmanagement in Innovationsvorhaben
Krause, Christopher; Reiter, Jan; Brockhusen, Anna-Lena & Lierzer, Tobias
Stand: Sonntag, 16. Mai 2010

3.3. Der Faktor „Umfeld"

Der dritte Faktor, der eine Innovation behindern kann, ist das externe Umfeld einer Innovation. Externe Einflussfelder können Kunden, Marktbegleiter oder öffentliche Behörden sein.[14]

Die Kunden sind an dieser Stelle in den meisten Fällen kein Innovationshemmnis, sondern eher Innovationstreiber, da sie Innovationen vom Unternehmen erwarten.

Marktbegleiter können ein Innovationshemmnis sein, wenn sie innovationsfähiger sind, als das eigene Unternehmen. Kann ein Marktbegleiter eine ähnliche Produktinnovation z. B. durch höheres Investitionskapital günstiger bzw. qualitativ hochwertiger auf den Markt bringen, werden die potenziellen Kunden dessen Produkt kaufen. Um derartige Konflikte zu verhindern, müssen sorgfältige Analysen des Marktes durchgeführt werden.[15]

Behörden werden zum Innovationshemmnis, sobald ein Innovationsprojekt sich in Gesetzeskonflikten befindet. Ist unklar, ob die Auswirkungen sich gegen Gesetze wenden oder Patentrechte verletzen, wird die Öffentlichkeit zu einem schweren Innovationshemmnis, das ein gesamtes Innovationsprojekt zum Scheitern bringen kann.[16]

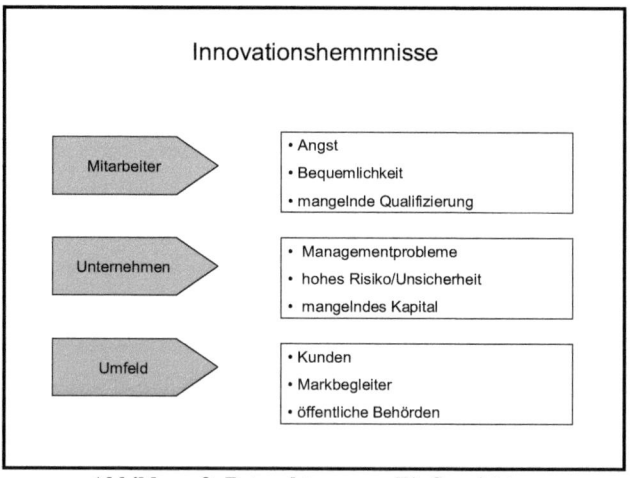

Abbildung 2: Betrachtung von Einflussfaktoren
(Quelle: eigener Entwurf, vgl. Herstatt, Cornelius; Tiwari, Rajnish & Umland, Martin (2007), S. 15)

---

[14] Vgl. Titelnot, Claus; Meißner, Dirk; Steinmeier, Ina (1999): Innovationsmanagement, Springer Verlag, S.178
[15] Vgl. Hauschildt, Jürgen (2004): Innovationsmanagement – 3. Auflage, München: Verlag Franz Vahlen GmbH, S. 162
[16] Vgl. Hauschildt, Jürgen (2004), S. 162

3.4. Auswirkung der Innovationshemmnisse

Die vielen Innovationshemmnisse und Widerstände können unterschiedliche Auswirkungen auf den Innovationsprozess haben. Hauschildt teilt diese in drei Gruppen ein: Verhindern, Verzögern, Verformen.

Wenn die Widerstände gegen eine Innovation zu groß sind bzw. die Innovationshemmnisse von oben ein zu hohes Ausmaß haben, können sie den Start eines Innovationsprojektes verhindern oder ein Innovationsvorhaben während des Prozesses zum Abbruch führen. Diese Auswirkung ist häufig durch das Management von Unternehmen zu begründen, da das für den Start eines Innovationsprojektes verantwortlich ist.

Ist das Ausmaß der Widerstände kleiner, können sie zumindest zu einer Verzögerung des Prozesses führen. Gerade Interessengruppen von außen (z. B. politische Instanzen) oder aber Mitarbeiterinteressengruppen (z. B. Betriebsrat) können den Prozess ständig stoppen.[17]

Die Form von „Verformung des Projektes" bewirkt eine Änderung des Innovationsvorhabens durch die Innovationswiderstände. Diese Auswirkung hat jedoch sehr viel geringere Konsequenzen für das Unternehmen und wird daher an dieser Stelle nicht konkreter beschrieben.

4. Bedeutung von Projektmanagement in Innovationsprojekten

Innovationen erfordern einen großen Freiraum zur Entfaltung von Kreativität. Sie soll möglichst wenig eingeschränkt werden. Projektmanagement widerspricht diesem Grundsatz zunächst einmal, da Regeln aufgestellt werden. Deswegen wird Projektmanagement häufig als „innovationsfeindlich" bezeichnet. Es ist wichtig, dass Projektmanagement die von ihm erwarteten Einschränkungen nicht verwirklicht. Vielmehr soll es als „Mittel zur Selbstkontrolle"[18] wirken, damit das Innovationsprojekt trotz Freiheiten nicht aus dem Rahmen läuft. In diesem Abschnitt wird erläutert, welchen Nutzen Projektmanagement in Innovationsprojekten hervorbringt.

Durch die zahlreichen Innovationshemmnisse steht das Projektmanagement eines Innovationsprojektes vor vielen Herausforderungen.

Innovationsprojekte starten durch die Hemmnisse häufig bereits unter schlechten Bedingungen. Sie müssen zunächst identifiziert und daraufhin durch ein

---

[17] Vgl. Hauschildt, Jürgen (2004), S. 164
[18] Herstatt, Cornelius, Prof. Dr.; Buse, Stephan, Dr.; Tiwari, Rajnish; Umland, Martin (2007), S. 6

Entgegenwirken des Projektmanagements behoben werden, damit ein Innovationsprojekt effektiv und möglichst effizient abgeschlossen werden kann.[19]

Wie oben erläutert, sind die Mitarbeiter des Unternehmens in vielen Fällen ein Innovationshemmnis. Jedoch können Innovationen ohne die Unterstützung der Mitarbeiter nicht durchgeführt werden.[20] Das Projektmanagement steht vor der Aufgabe die Mitarbeiter für das Innovationsprojekt zu motivieren. Frey beschreibt an dieser Stelle, dass dafür das Vertrauen der Mitarbeiter in das Projekt geweckt werden muss. Dafür sollte das Projektmanagement dafür sorgen, dass sämtliche Prozesse für die Mitarbeiter transparent sind. Probleme sollten offen angesprochen werden. Außerdem sollte die Überlegung für das Projekt möglichst früh und offen kommuniziert werden, damit die Betroffenen sich früh genug mit dem Zustand auseinandersetzen müssen und sich an den Zustand gewöhnen können. Außerdem werden mögliche Gegenargumente der Mitarbeiter früh deutlich und können von Anfang an entkräftet werden.[21] Des Weiteren müssen die Mitarbeiter in einem derartigen Projekt mit „Kreativität, Weitsicht, Einfallsreichtum und Intuition"[22] handeln und benötigen dafür Anregungen. Wie das kreative Wirken im Speziellen aussieht, wird zu einem späteren Zeitpunkt der vorliegenden Arbeit beschrieben.

Innovationsprojekte sind, wie bereits beschrieben, mit einem hohen Risiko verbunden. Damit ein Unternehmen sich zu einer Innovation entscheiden kann, muss geklärt werden, wer das Risiko und die Haftung des Projektes trägt. Für das Projektmanagement bedeutet das, dass eine klare Rollenverteilung festgelegt wird. Das Risiko sollte nicht von der Projektleitung allein getragen werden, sondern vom Unternehmen selbst übernommen werden. Es ist eine spezifische Risikoplanung, die während der Durchführung des Projektes dauerhaft überprüft und angepasst wird, notwendig, damit die Risiken von Beginn an transparent sind und schnelle Gegenmaßnahmen eingeleitet werden können.[23]

Im Rahmen von Projektmanagement werden für gewöhnlich Ziele für das Projekt festgelegt. In Innovationsprojekten erweist es sich als kompliziert, klare Ziele zu definieren. Dennoch hat eine Zielbildung in einem Innovationsprojekt eine hohe Bedeutung. Gerade in einem unsicheren Prozess muss durch klare Ziele dafür gesorgt

---

[19] Vgl. Frey, Dieter; Gerkhardt, Marit; Fischer, Peter (2003), S.2
[20] Vgl. Stern, Thomas; Jaberg, Helmut (2005), S.21
[21] Vgl. Frey, Dieter; Gerkhardt, Marit; Fischer, Peter (2003), S.2
[22] Herstatt, Cornelius, Prof. Dr.; Buse, Stephan, Dr.; Tiwari, Rajnish; Umland, Martin (2007), S.6
[23] Stern, Thomas; Jaberg, Helmut (2005), S. 213ff

werden, dass das Projekt ein Ziel verfolgt. Dadurch wird das Projekt strukturiert und erhält einen groben Rahmen, in dem es sich bewegen kann. Mit Hilfe des Projektcontrollings können diese Ziele in der Durchführung des Projektes ständig überprüft und angepasst werden.[24]

Ein weiterer Aspekt, der das Management eines Unternehmens von Innovationsprojekten abhält, ist das Finanzierungsrisiko. Durch Projektmanagement kann eine Finanzplanung erstellt werden, die Ansatzpunkte für eine Finanzierung abschätzt. Außerdem kann bei der Finanzplanung festgelegt werden, wie hoch das Budget sein darf. Das Projektcontrolling prüft regelmäßig die Kosten des Projektes und achtet somit darauf, dass die Kosten nicht aus dem Rahmen laufen. Wie die Kosten kalkuliert werden, wird zu einem späteren Zeitpunkt der Arbeit beschrieben.

Damit es zu keinen Problemen mit dem Umfeld des Unternehmens kommt, muss während des Projektes, vor allem beim Prozess der Ideenfindung, sorgfältig vorgegangen werden und darauf geachtet werden, dass die Aktivitäten nicht gesetzeswidrig sind.[25] An dieser Stelle kann das Projektmanagement durch ein sorgfältiges Projektcontrolling und eine dauerhafte Marktbeobachtung gegen das Innovationshemmnis wirken.

In diesem Abschnitt wird deutlich, welchen Vorteil Projektmanagement in einem Innovationsprojekt bringt, obwohl es zunächst innovationsfeindlich zu sein scheint. Projektmanagement trägt einen großen Teil dazu bei, dass ein Innovationsprojekt effektiv durchgeführt werden kann und sorgt dafür, dass die Durchführung möglichst effizient erfolgt.

5. Planung (Reiter)

5.1. Grundgedanken

Viele Manager stehen der Entwicklung von Innovationen skeptisch gegenüber. Nicht zuletzt deshalb, weil es einer hohen Risikobereitschaft bedarf, um Innovationen zu tätigen und sie im Markt zu etablieren. Durch die Begleitung des Projektmanagements kann dieses Risiko verringert werden und so mehr Vertrauen in Innovationsvorhaben gegeben werden.

---

[24] Vgl. Hauschildt, Jürgen (2004), S. 320ff
[25] Vgl. Hauschildt, Jürgen (2004), S.162

Um dies jedoch zu ermöglichen, muss das Projektmanagement schon bei der Konzeption/Planung der Innovation beteiligt sein. Nur so kann ein möglichst hoher Effektivitätsgrad in Innovationsvorhaben gewährleistet werden.

5.2. Innovationsstrategie

Eine Innovation wird in Unternehmen nicht zufällig vorgenommen, sondern wird durch bestimmte Gruppen oder Geschäftsbereiche des Unternehmens geplant. Viele Unternehmen führen Forschungs- und Entwicklungsabteilungen. Sie sind ausschließlich mit der Entwicklung von Innovationen beschäftigt.

Diesen Bereichen muss allerdings eine Strategie auferlegt werden, die beinhaltet, welche Innovationen getätigt werden sollen. Eine Innovation muss dem Unternehmen immer zu einem Wettbewerbsvorteil verhelfen. Resultierend daraus wird eine Innovationsstrategie erstellt, die grundlegend aus zwei wesentlichen Merkmalen besteht: einer Produkt-Markt-Strategie und einer Technologiestrategie.

Wie auch andere Strategien in einem Unternehmen müssen sich die Produkt-Markt-Strategie wie auch die Technologiestrategie an der Unternehmensvision orientieren. Durch sie wird die generelle Richtung vorgegeben, in die das Unternehmen laufen möchte.[26] Jede Strategie in einem Unternehmen, inklusive der Produkt-Markt-Strategie und Technologiestrategie, muss diesen Weg ebenfalls gehen und ihn für das Gesamtunternehmen optimieren.[27]

5.2.1. Produkt-Markt-Strategie

Die Produkt-Markt-Strategie gibt eine genaue Auskunft über den Markt und die Marksegmente, in die mit welchen Produkten und/oder Dienstleistungen das Unternehmen vordringt. Dabei ist zu erkennen, welche Zielgruppe angesprochen wird und wie die Ressourcen auf dem Markt verteilt sind. Zudem wird ersichtlich, welchen Wettbewerbsstandpunkt man auf dem Markt hat. Dieser Teil der Innovationsstrategie muss von vornherein durch das Projektmanagement geplant und geprüft werden. Nur so kann gewährleistet werden, dass Innovationen, die in die Richtung der Produkt-Markt-Strategie laufen, eine große Erfolgschance bieten.[28]

---

[26] Hoffmann, Jörg; 2007; Innovationsmanagement im Dienstleistungsbereich am Beispiel von Senioren; Grin Verlag; 1.Auflage; Nordstedt S.33 ff.
[27] König Manfred, Völker Rainer; 2002; Innovationsmanagement in der Industrie; Fachbuchverlag Leipzig, 1. Auflage; Leipzig S. 14
[28] König, Völker (2002) S.14 ff.

5.2.2. Technologiestrategie

Zum anderen besteht die Innovationsstrategie aus der Technologiestrategie. Sie ist für die Aufstellung des jeweiligen Produktes von großem Vorteil. In ihr wird zuerst analysiert, welche Technologien existieren und welche durch das Unternehmen überhaupt benutzt werden können. Durch das Projektmanagement kann denn ganz deutlich geklärt werden, welche Technologien betrachtet werden sollen und welche nicht. Die Technologiestrategie gibt ebenfalls Auskunft über die Lebenszyklen der einzelnen Technologien. So kann durch das Projektmanagement beispielsweise der Zeitraum bestimmt werden, wann es am besten ist, ein bestehendes Produkt durch ein Neues zu ersetzen.

Demnach bietet die Innovationstrategie für das Projektmanagement einen erheblichen Vorteil, um die Innovation in eine bestimme Richtung zu lenken, damit sie erfolgreich wird. Durch Planwerte kann ein SOLL/IST Vergleich zu jeder Zeit getätigt werden und bei Abweichungen das Innovationsvorhaben in die richtige Richtung gelenkt werden. Besteht eine solche Innovationsstrategie nicht, sollte das Projektmanagement veranlassen, dass diese erstellt wird und immer aktuell gehalten wird.[29]

5.3. Zielkostenplanung

Ein Hindernis, welches immer wieder im Bereich der Innovationsvorhaben genannt wird, ist die Beurteilung von Kosten für eine Innovation. Das Projektmanagement kann für „normale" Projekte eine Kostenanalyse machen und dem Projekt ganz klar nachweisen, was es kosten wird. Dies ist bei Innovationen nicht der Fall.

Dennoch kann das Projektmanagement schon in der Vorüberlegung ansetzen, sich über Kosten Gedanken zu machen und so eine Akzeptanz bei den Kunden und den Verantwortlichen zu schaffen. Die Methode Zielkostenrechnung, „Target Costing", bietet eine Möglichkeit für das Projektmanagement zur Planung der Kosten für das Innovationsvorhaben.[30] Die Methode gibt jedoch keine genaue Kosten für das Projekt an, sondern setzt anhand von Faktoren eine Grenze der Kosten. Auf diese Weise beantwortet diese Methode die Frage „Was darf die Innovation kosten?", wohingegen

---

[29] König, Völker (2002) S.58

[30] Voland, Sandra; 2009; Die Prozess- und Zielkostenrechnung als Instrumente des Prozessmanagements: Dargestellt am Beispiel von Artikelrücksendungen; Grin Verlag; 1. Auflage; Nordstedt S.70

im normalen Projektgeschäft die Frage beantwortet wird: „Was wird das Projekt kosten?"

Die Target Costing Methode legt ihren Fokus auf die Kundenorientierung. Zum einen soll hierdurch der Preis kalkuliert werden, zum anderen Wünsche hinsichtlich der Produktfunktionen zu erkannt werden. So kann man schon zu einem frühen Zeitpunkt abschätzen, welche Funktionen eine Innovation haben muss. Letzteres macht aber nur Sinn, wenn man Innovation aufgrund von einer Produktdiversifikation betreiben möchte, also sein Produktsortiment beispielsweise für neue Märkte erweitern möchte.

Zuerst muss natürlich der Markt erforscht werden, welche Preise bisher bestehen und an welchen man sich orientieren kann. Hieraus erhält man den „Target Price". Diesem Preis muss ein Zielgewinn abgezogen werden, denn man erreichen möchte. Denn nur mit diesem Zielgewinn (target profit) kann das Innovationsvorhaben rentabel werden. Aus dieser Subtraktion ergeben sich die erlaubten Kosten (allowable costs) für eine Innovation, an denen man sich orientieren kann. Die Rechnung gibt vor, dass den erlaubten Kosten die Standardkosten, die ein Unternehmen für sich kalkuliert, gegenüber gestellt werden. Aus den erlaubten Kosten und den Standardkosten, werden dann die Zielkosten (target costs) gebildet.

Das Projektmanagement kann diese Kosten als Planwerte durch das gesamte Projekt nutzen. Bleibt das Innovationsvorhaben innerhalb der Zielkosten, was durch das Projektmanagement kontinuierlich geprüft wird, kann mit einer signifikanteren Erfolgschance gerechnet werden.[31]

5.4. Kreativitätstechniken

Bei jeder Überlegung Innovationen in ein Unternehmen einzubinden, ist es natürlich von essentieller Wichtigkeit, eine Innovation erst einmal zu entwickeln. Die Planung in einem Innovationsprojekt muss einen Schritt enthalten, der Methoden darstellt wie Innovationen entwickelt werden können. Grundlage bilden hierbei Kreativitätstechniken.

"Als Kreativitätstechnik ist ein Satz von Denk- und Verhaltensregeln für eine Gruppe oder ein Individuum zu verstehen, die in ihrer Gesamtwirkung das Entstehen von Ideen begünstigen"[32].

---

[31] König, Völker (2002) S.92
[32] http://www.innovationsmanagement.de/kreativitaetstechnik/begriffe.html#up89 (Geschka, Horst / Schwarz-Geschka, Martina) Stand 2002

Wie auch schon in den ersten Kapiteln beschrieben, bilden Ideen die Grundlage für Innovationen zu erbringen.

In der Praxis verfolgt man einen stringenten Prozess, mit dem man die Kreativität fördern kann und so einen effektiven Ablauf schafft.

Der Prozess gliedert sich dabei in fünf Phasen. Die einzelnen Phasen beinhalten eine entsprechende Vielzahl von Methoden, um das Ziel der einzelnen Phasen bestmöglich zu erreichen. Aufgrund der Kürze dieser Arbeit werden einzelne Methoden in dieser Arbeit nicht behandelt. Es soll vielmehr ein Allgemeinwissen über den Kreativprozess gegeben werden.

Abbildung 3: Kreativitätsprozess
(Quelle: eigene Zeichnung, vgl. http://www.innovationsmanagement.de/kreativitaetstechnik/prozess.html)

Die erste Phase „Entstehen eines Problembewusstseins" beschäftigt sich mit dem derzeit herrschenden Problem im Unternehmen. Um eine Innovation zu schaffen, muss ein Problem vorhanden sein, das durch die Innovation gelöst wird. In dieser Phase liegt die höchste Priorität in der Findung des Problems.

Ist das Problem gefunden, muss es identifiziert werden. Darunter versteht man alle Abhängigkeiten zu anderen Objekten herauszufinden, um das Problem transparent darstellen zu können.

Zuletzt muss das Problem verstanden werden. Ist das Problem zwar identifiziert aber dessen Aufgabe und Funktion nicht verstanden, ist es schwer, eine effektive Lösung durch Innovationen zu bieten.

Die Aufgabenstellung der zweiten Phase „Intensive Problembearbeitung" besteht zum einen aus der Überprüfung des aktuellen Wissenstandes. Wie viel weiß man über das Problem und dessen eventuelle Behebung? Kennt man sich mit der Thematik, die das gefunden Problem bietet, umfassend aus? Hierdurch erlangt man die intensive

Beschäftigung mit dem Problem und dessen Umfeld. Die Mitarbeiter, die im Prozess involviert sind, müssen sich vermehrt mit Lösungsgedanken auseinandersetzen.

Zum anderen werden Informationen gesammelt und analysiert. Man versucht, jegliche Informationen, die zu dem Problem und dessen möglicher Lösung bestehen, heranzuziehen und zu analysieren. Beispielsweise ist es bei Problemen im Produktbereich, die eine Produktneuentwicklung erfordern, wichtig, Informationen über die Kunden zu haben, über relevante und alternative Technologien sowie technische Informationen und vieles mehr.

Diese Informationen werden analysiert und können bestmöglich schon zu Teillösungen führen, die einen Weg zur Schlusslösung ergeben.

Durch die intensive Problembearbeitung und dem dabei entstehenden Druck auf die jeweiligen Mitarbeiter schließt sich die Phase drei an: „Entspannen und Verfremden"

Man versucht durch Entspannung und Schlaf sich selbst von dem Problem zu entfremden. Dabei arbeitet jedoch das Unterbewusstsein weiter an dem Problem, setzt es mit Erfahrung und Wissen in Verbindung und arbeitet an einer Lösung. Diese Phasen nennt man Inkubationsphasen.

In der vierten Phase „Der Geistesblitz" taucht aus dem Unterbewusstsein die Lösung auf und erbringt den so genannten „aha-Effekt". Meistens erlangt man die Lösung angesichts eines problemfremden Objektes.[33]

Die fünfte Phase „Verfolgen der Ideen" schließt sich sofort an die vierte an. Die erstandenen Ideen müssen nun präzisiert werden und auf die Integration in das Unternehmen hin analysiert werden. Dazu wird auch wieder die zuvor beschriebene Innovationsstrategie zur Hilfe genommen. Die Ideen können durch das Projektmanagement geprüft werden, ob sie als Innovation für das Unternehmen in Frage kommen. Entsprechen die Lösungen der Innovationsstrategie, so dienen sie auch den übergeordneten Unternehmenszielen, was dem Unternehmen einen Mehrwert schafft.

Der Prozess bietet zum einen eine gute Möglichkeit, Ideen für Innovationen zu entwickeln. Zum anderen werden durch die starke Problembindung Ideen/Lösungen erbracht, die einen effektiven Vorteil für das Unternehmen bieten.[34]

---

[33] Magiera, Carsten; 2009; Einsatz und Anwendung von Innovationstechniken: Betrachtung unter dem Effizienzaspekt; Diplomica Verlag; 2.Auflage; Hamburg S.9 ff.
[34] http://www.innovationsmanagement.de/kreativitaetstechnik/prozess.html
Geschka, Horst / Schwarz-Geschka, Martina (12.11.2009).

6. Konzepte für Projektmanagement in Innovationsprojekten (Lierzer)

Wie bereits in Kapitel 4 „Bedeutung von Projektmanagement für Innovationsprojekten" angedeutet, stellt der Einsatz von Projektmanagement bei Innovationen zunächst einen Widerspruch dar.

Innovationen erfordern Kreativität, Risikobereitschaft und in der Regel vor allem Zeit, Dem gegenüber setzt Projektmanagement begrenzte Ressourcen, begrenzte Zeit und klare Ziele voraus.

Weiter lassen sich Innovationshemmnisse von Seiten der Mitarbeiter oder aus dem Unternehmen heraus identifizieren, die sich ebenfalls auf eine erfolgreiche Durchführung von Innovationsprojekten auswirken.

Es gibt jedoch verschiedene Konzepte, die bei Innovationsprojekten eingesetzt werden können, um Widersprüchen und Innovationshemmnissen entgegenzuwirken.

6.1. Interdisziplinäres Team

Die Mitarbeiter eines Unternehmens können ein Innovationshemmnis darstellen. Sie können dabei bewusst, aber auch unbewusst zum Innovationshemmnis werden, indem sie zum Beispiel das für das Projekt notwendige Know-how nicht besitzen.

In der Phase der Innovationsfindung sind in der Regel Mitarbeiter aus verschiedensten Bereichen des Unternehmens beteiligt. So wird gewährleistet, dass Innovationen für die Kunden greifbaren Nutzen darstellen, gleichzeitig aber auch umsetzbar sind und aus betriebswirtschaftlicher Sicht einen Erfolg versprechen.[35]

Eben diese Interdisziplinarität kann auch bei der Umsetzung einer Innovation hilfreich sein. Unter Umständen können die Mitarbeiter aus der Phase der Innovationsfindung auch in dem Projektteam eingesetzt werden, das mit der Umsetzung der Innovation beauftragt ist.

Mit dieser Vorgehensweise wird zum einen eine hohe Identifikation der Mitarbeiter mit der Innovation erreicht. Zum anderen erhöhen sich die Leistungsbereitschaft der Mitarbeiter und deren Wille, die Innovation umzusetzen. Außerdem treten sie innerhalb ihrer beruflichen und sozialen Umwelt als Promotoren für die Innovation auf und werben damit bewusst oder unbewusst für diese.[36]

---

[35] Vgl. Stern, Jaberg. (2005) S. 200
[36] Mehr zu dem Promotorenmodell in Kapitel 6.2

Der zentrale Nutzen eines interdisziplinären Teams liegt in der Vielseitigkeit des fachlichen Know-hows der Mitarbeiter. Das Einbeziehen verschiedener fachlicher Kompetenzen ermöglicht es, die oftmals komplexe Problemstellung in einem Innovationsprojekt effektiver zu lösen, da das Know-how zur Problemlösung bereits im Projekt eingebunden ist und nicht erst von außen angefragt werden muss.

Das Einbinden von Leistungsträgern verschiedener Fachgebiete erhöht zwar die Kosten für ein Projekt, doch können dadurch kosten- und vor allem zeitintensive Nachbesserungen im Anschluss an die Entwicklung einer Innovation vermieden werden.

Einer Studie von McKinsey zufolge ist ein Innovationsprojekt wesentlich effizienter, wenn die geplanten Produktionskosten um 50% überstiegen werden, als wenn sich die Entwicklung einer Innovation um 6 Monate nach hinten verschiebt.[37]

Ein interdisziplinär zusammengesetztes Team birgt allerdings auch Nachteile. Jeder Mitarbeiter bringt unterschiedliches Fachwissen mit und stellt daher unterschiedliche Anforderungen an die Innovation. Dies kann hilfreich sein, um Problematiken aus verschiedenen Sichten zu betrachten, wird aber dann hinderlich, wenn sich schwerwiegende Konflikte innerhalb des Projektteams ergeben. So treffen zum Beispiel verschieden Interessengruppen bei einer Produktinnovation bei den Aspekten Optik und Funktionalität aufeinander.[38] Um derartigen Konflikten entgegenzuwirken, ist gute Teamführung und einen erfahrene Projektleitung unabdinglich.

6.2. Promotoren

Wenn Projektmitarbeiter in ihrem privaten oder beruflichen Umfeld über ihre Arbeit, das Projekt und die Innovation sprechen, kann dies positiv oder negativ ausfallen, abhängig davon, wie das Projekt läuft und wie sie diesem gegenüberstehen. Damit werben sie entweder für oder gegen das Innovationsprojekt.

Jürgen Hauschild und Eberhard Witte haben dieses Phänomen betrachtet und das so genannte Promotorenmodell entwickelt. Promotoren sind Mitarbeiter, die einen relevanten Einfluss auf die Förderung eines Innovationsprojektes haben. Sie erledigen nicht nur die im Rahmen des Projekts für sie anfallenden Arbeiten, sondern stecken nachhaltig Energie in die Umsetzung des Projektes und identifizieren sich mit dessen

---

[37] Vgl. Stern, Jaberg. (2005), S. 209
[38] Vgl. Bergmann, Daub (2006), S. 122

Erfolg. Es ist aber auch möglich, dass Promotoren eines Innovationsprojekts nicht direkt in dieses eingebunden sind.

6.2.1. Erster Ansatz: Macht- und Fachpromotoren

Im ursprünglichen Ansatz von Hauschild und Witte wurden Promotoren in Macht- und Fachpromotoren eingeteilt. Machtpromotoren unterstützen ein Projekt durch ihre hierarchische Position in einem Unternehmen. Stehen aus der Ebene der Bereichsleiter zum Beispiel grundlegende Hemmnisse einem Innovationsprojekt gegenüber, sodass es nicht anläuft, kann ein Machtpromotor auf diese einwirken, sofern seine Position hoch genug angesiedelt ist.

Zu den Fähigkeiten eines Machtpromotors gehört in der Regel ein ausgeprägter Führungsstil. Bevor "Druck von oben" ausgeführt wird, ist es oftmals sinnvoller, Opponenten zu überzeugen oder ihnen Anreize zu bieten, für ein Innovationsprojekt zu arbeiten und nicht dagegen. Der Machtpromotor sollte dazu ein gewisses Maß an „glaubwürdigem hierarchischen Potential"[39] besitzen, mit dem er überzeugen kann, ohne es ständig anzuwenden.[40]

Der Fachpromotor besitzt ein hohes Maß an fachlichem Wissen, welches er in das Innovationsprojekt einfließen lässt. Im Unterschied zum Machtpromotor ist er in der Hierarchie in der Regel weiter unten zu finden und kommt nicht selten aus einer Linienabteilung, die mit der Thematik des Innovationsprojektes verbunden ist. Er kann aber auch aus persönlichem Interesse Zugang zu dem Innovationsprojekt finden, um dann sein Fachwissen in das Projekt einzubringen. Sein Fachwissen ist es auch, mit dem er gegen Innovationshemmnisse angeht. Es kann Projektmitarbeiter bei der Entwicklung unterstützen oder als Argumentationsgrundlage gegen Opponenten dienen.

Nach Witte ist es für ein Innovationsprojekt wichtig, dass beide Promotoren vorhanden sind. Ein Machtpromotor kann zwar ein Innovationsprojekt antreiben, ist aber nicht in der Lage, Alternativen fachlich zu beurteilen. Der Fachpromotor kann ein genaues Bild von der Realisierung eines Innovationsprojektes haben. Er besitzt aber nicht die Möglichkeiten, ein solches überhaupt in Gang zu setzen oder muss sich wiederholt mit Kompromissen begnügen.[41]

---

[39] Witte, Eberhard (1998). Das Gespann der Promotoren. S. 16 In: Hauschildt, Jürgen, Gemünden, Hans Georg (Hrsg.) Promotoren – Champions der Innovation S. 9-42 Wiesbaden. Gabler Verlag
[40] Vgl. Witte (1998), S. 16
[41] Vgl. Witte (1998), S. 18

Projektmanagement in Innovationsvorhaben
Krause, Christopher; Reiter, Jan; Brockhusen, Anna-Lena & Lierzer, Tobias
Stand: Sonntag, 16. Mai 2010

6.2.2. Der Prozesspromotor

In Zusammenarbeit mit Alok K. Chakrabarti hat Hauschildt in Anlehnung an das Promotorenmodell von Witte und Hauschild den Prozesspromotor definiert. Er ist vor allem in großen, komplexen Unternehmen sinnvoll einzusetzen, da er ein Innovationsprojekt steuert und als Schnittstelle zwischen verschiedenen Bereichen agiert. Er fungiert als Bindeglied zwischen Fach- und Machtpromotor, ist in der Lage, technische Fachausdrücke für fachfremde Personen verständlich zu machen und kennt die Strukturen im Unternehmen.

Dadurch kann er erkennen, welche Bereiche vom Innovationsprojekt betroffen sind und wo sich eventuell Widerstand gegen das Projekt entwickeln könnte. In der Dreiteilung der Promotoren übernimmt der Prozesspromotor auch teilweise Aufgaben des Machtpromotors, insbesondere bei der Werbung für ein Innovationsprojekt. Im Gegensatz zum Machtpromotor überzeugt der Prozesspromotor allerdings weniger mit hierarchischer Macht, sondern mittels diplomatischem Geschick und der Fähigkeit, verschiedene Menschen individuell anzusprechen und im Innovationsprojekt zu überzeugen.

Die Position als Bindeglied zwischen Macht- und Fachpromotor zeigt sich besonders dann sehr deutlich, wenn der Prozesspromotor für die Steuerung des Innovationsprojektes verantwortlich ist. Er bewertet die technische Idee des Fachpromotors, übersetzt sie aus der Fachsprache in eine für Nicht-Sachkundige verständliche Sprache und stellt diese Idee möglichen Machtpromotoren vor, um Ressourcen für das Innovationsprojekt zu bekommen.[42]

6.2.3. Promotorenmodell im Projektmanagement

Während Projektmanagement organisatorische Positionen, wie den Projektleiter oder das Projektteam, definiert, beschreibt das Promotorenmodell Funktionen und Leistungen, die einzelne Personen erbringen. Es lässt sich jedoch ein deutlicher Zusammenhang zwischen beiden feststellen.

Die größte Überschneidung findet sich beim Prozesspromotor. Die Anforderungen, die an einen Prozesspromotor gestellt werden, decken sich sehr stark mit denen eines Projektleiters. Projektleiter werden in der Regel berufen, Promotoren hingegen werden

---

[42] Vgl. Hauschild, Jürgen, Chakrabarti, Alok K. (1998): Arbeitsteilung im Innovationsmanagement.S. 78-91 In: Hauschild, Jürgen, Gemünden, Hans Georg (Hrsg.) Promotoren – Champions der Innovation S. 67-88 Wiesbaden. Gabler Verlag

aufgrund ihres Interesses aktiv. Es kann also durchaus sein, dass es zu einem Innovationsprojekt einen Prozesspromotor gibt, der weder Projektleiter noch Teil des Projektteams ist.

In diesem Fall ist er in der Regel Teil des mittleren oder höheren Managements, kennt die wichtigsten Führungskräfte und wird von ihnen insofern respektiert, als dass er sie zu Gunsten des Innovationsprojektes beeinflussen kann.

Der Fachpromotor ist in der Regel Teil des Projektteams, in welches er seine fachliche Kompetenz einbringt, um wichtige Impulse für das gesamte Projekt zu liefern und die anderen Mitglieder des Projektteams zu unterstützen. Der Fachpromotor zeichnet sich vor allem dadurch aus, dass er, besonders bei Rückschlägen im Projekt, die Ziele des Innovationsprojektes konsequent weiterverfolgt.

Beim Machtpromotor ist es nicht unüblich, dass er nicht direkt im Projekt involviert ist. Zum Beispiel kann er als Abteilungsleiter, aufgrund seines Interesses an dem Innovationsprojekt vermehrt Mitarbeiter für das Projekt freistellen oder Einfluss auf andere Führungskräfte ausüben.[43]

7. Fazit (Lierzer)

Innovationen sind für Unternehmen eine wichtiger Bestandteil um für ein Unternehmen nachhaltigen Erfolg zu gewährleisten. Es können sich ihnen allerdings verschiedene Hemmnisse, sowohl aus dem Unternehmen als auch aus seiner Umwelt heraus, entgegenstellen, mit denen Umgegangen werden muss.

Als Organisatorischer Rahmen wird für Innovationen oftmals Projektmanagement verwendet. Auf den ersten Blick stellt dies einen Widerspruch dar, da Innovationen eine gewisse Freiheit in der Entwicklung brauchen, während das zentrale Element von Projektmanagement feste Strukturen sind.

Um Innovationsprojekte effektiv und effizient durchzuführen und gegen Innovationshemmnisse vorzugehen gibt es verschiedene Möglichkeiten, Projektmanagement in Innovationsprojekten anzupassen. Dazu gehören unter anderem die Zielkostenanalyse, das interdisziplinäre Team oder das Promotorenmodel.

---

[43] Vgl. Hauschildt (2004) S. 226 ff.

8. Literaturverzeichnis

8.1. Literaturverzeichnis (Krause)

Bücher:

1. Bergman, Gustav & Daub, Jürgen (2006): Systemisches Innovations- und Kompetenzmanagement, 1. Auflage. GWV Fachverlage, Wiesbaden
2. Disselkamp, Marcus (2005): Innovationsmanagement – Instrumente und Methoden zur Umsetzung in Unternehmen, 1. Auflage. GWV Fachverlage, Wiesbaden
3. Schirra, Wolfgang & Dietrich, Lothar (Hrsg.; 2006): Innovationen durch IT – Erfolgsbeispiele aus der Praxis, 1. Auflage. Springer Verlag, Berlin
4. Von der Oelsnitz, Dietrich (2009): Die innovative Organisation – Eine gestaltungsorientierte Einführung, 2. Auflage. Verlag W. Kohlhammer, Stuttgart
5. Werani, Thomas; Gaubinger, Kurt & Rabl, Michael (2009): Praxisorientiertes Innovations- und Produktmanagement, 1. Auflage. GWV Fachverlage, Wiesbaden

Internetseiten:

6. http://www.wirtschaftslexikon24.net/d/innovation/innovation.htm, 17.04.2010

8.2. Literaturverzeichnis (Brockhusen)

Monographien:

1. Frey, Dieter; Gerkhardt, Marit; Fischer, Peter (2003): Erfolgsfaktoren und Stolpersteine bei Veränderungsprozessen
2. Hauschildt, Jürgen (2004): Innovationsmanagement – 3. Auflage, München: Verlag Franz Vahlen GmbH
3. Stern, Thomas; Jaberg, Helmut (2005): Erfolgreiches Innovationsmanagement – Erfolgsfaktoren – Grundmuster – Fallbeispiele; Wiesbaden: Gabler Verlag
4. Titelnot, Claus; Meißner, Dirk; Steinmeier, Ina (1999): Innovationsmanagement, Springer Verlag

Veröffentlichungen:

5. Herstatt, Cornelius, Prof. Dr.; Buse, Stephan, Dr.; Tiwari, Rajnish; Umland, Martin (2007):Innovationshemmnisse in kleinen und mittelgroßen Unternehmmen – Konzeption der empirischen Untersuchung, Hamburg-Harburg: Technische Universität

6. Pöschek, Andreas (2000): Innovation und Innovationsmanagement, Diplomarbeit

7. Schreiner, Otmar, M., E. (2006): Aufbau und Management von Innovationskompetenz bei radikalen Innovationsprojekten, Dissertation

8.3. Literaturverzeichnis (Reiter)

Bücher:
(Autor; Erscheinungsjahr; Titel; Verlag; Auflage; Erscheinungsort)

1. Weise, Joachim; 2007; Planung und Steuerung von Innovationsprojekten; Deutscher Universitäts-Verlag; 1.Auflage; 2007

2. Voland, Sandra; 2009; Die Prozess- und Zielkostenrechnung als Instrumente des Prozessmanagements: Dargestellt am Beispiel von Artikelrücksendungen; Grin Verlag; 1. Auflage; Nordstedt

3. Scherrer, Gerhard; 1999; Kostenrechnung; Lucius & Lucius Verlagsgesellschaft mbH; 3. Auflage; Stuttgart

4. Eversheim, Walter; 2003; Innovationsmanagement für technische Produkte; Springer Verlag; 1.Auflage;Berlin

5. Magiera, Carsten; 2009; Einsatz und Anwendung von Innovationstechniken: Betrachtung unter dem Effizienzaspekt; Diplomica Verlag; 2. Auflage; Hamburg

6. Hoffmann, Jörg; 2007; Innovationsmanagement im Dienstleistungsbereich am Beispiel von Senioren; Grin Verlag; 1.Auflage; Nordstedt

7. König Manfred, Völker Rainer; 2002; Innovationsmanagement in der Industrie; Fachbuchverlag Leipzig, 1. Auflage; Leipzig

Internetseiten

8. http://www.iwi.uni-hannover.de/cms/files/lv/sosem07/seminar/Schneider/html_version/kap2.htm
   René Schneider Stand: 1.04.2010

9. http://www.innovationsmanagement.de/kreativitaetstechnik/prozess.html
   Geschka, Horst / Schwarz-Geschka, Martina (12. 11. 2009).

10. http://www.innovationsmanagement.de/kreativitaetstechnik/begriffe.html#up89
    (Geschka, Horst / Schwarz-Geschka, Martina) Stand 2002

8.4. Literaturverzeichnis (Lierzer)

1. Hauschildt, Jürgen (2004). Innovationsmanagement – 3. Auflage, München: Verlag Franz Vahlen GmbH

2. Witte, Eberhard (1998): Das Gespann der Promotoren. In: Hauschildt, Jürgen; Gemünden, Hans Georg (Hrsg.) Promotoren – Champions der Innovation S. 9-42 Wiesbaden. Gabler Verlag

3. Hauschild, Jürgen, Chakrabarti, Alok K. (1998): Arbeitsteilung im Innovationsmanagement. In: Hauschild, Jürgen, Gemünden, Hans Georg (Hrsg.) Promotoren – Champions der Innovation S. 67-88 Wiesbaden. Gabler Verlag

4. Bergman, Gustav & Daub, Jürgen (2006): Systemisches Innovations- und Kompetenzmanagement, 1. Auflage. GWV Fachverlage, Wiesbaden

5. Stern, Thomas; Jaberg, Helmut (2005): Erfolgreiches Innovationsmanagement – Erfolgsfaktoren – Grundmuster – Fallbeispiele; Wiesbaden: Gabler Verlag